AF194727

Impressum
Verlag: BABADADA GmbH, Nedderfeld 112 , 22529 Hamburg
Geschäftsführer / Verlagsleitung: Harald Hof
Druck: Books on Demand GmbH, In de Tarpen 42, 22848 Norderstedt

Imprint
Publisher: BABADADA GmbH, Nedderfeld 112 , 22529 Hamburg, Germany
Managing Director / Publishing direction: Harald Hof
Print: Books on Demand GmbH, In de Tarpen 42, 22848 Norderstedt

xue xiao

koulu

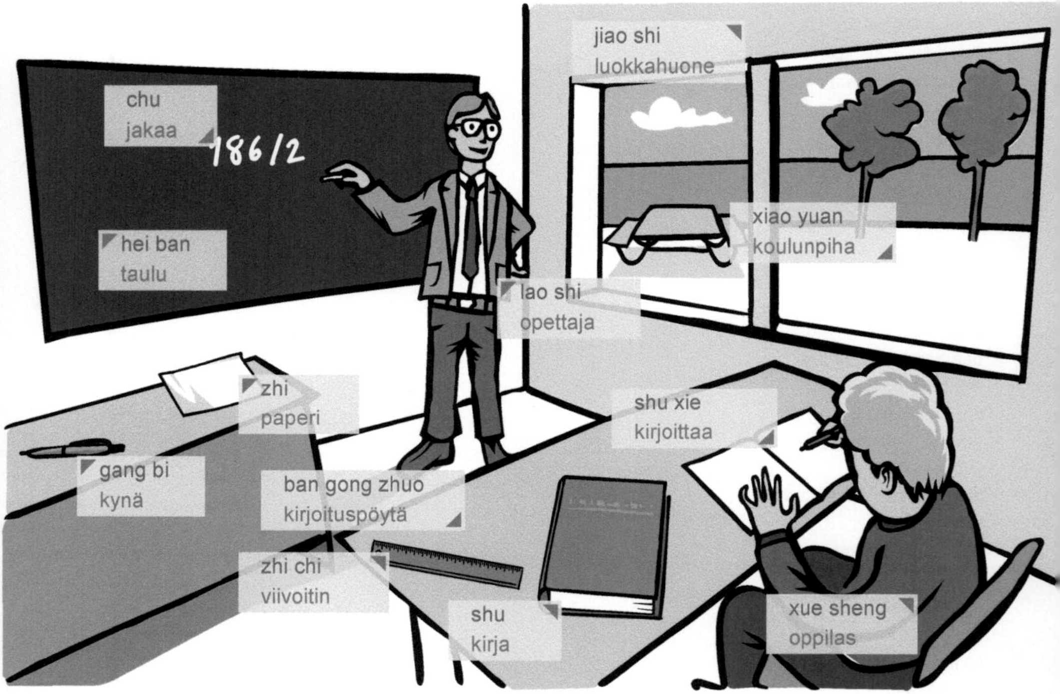

jiao shi
luokkahuone
chu
jakaa
186/2
hei ban
taulu
xiao yuan
koulunpiha
lao shi
opettaja
zhi
paperi
shu xie
kirjoittaa
gang bi
kynä
ban gong zhuo
kirjoituspöytä
zhi chi
viivoitin
shu
kirja
xue sheng
oppilas

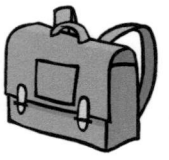

shu bao

reppu

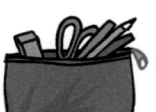

qian bi he

penaali

qian bi

lyijykynä

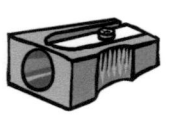

juan bi dao

kynänteroitin

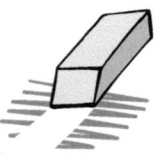

xiang pi ca

pyyhekumi

hua ban

piirustuslehtiö

tu hua

piirustus

hua bi

pensseli

yan liao he

vesivärit

jian dao

sakset

jiao shui

liima

lian xi ce

harjoituskirja

jia ting zuo ye

kotitehtävä

shu zi

luku

jia

lisätä

jian

vähentää

cheng

kertoa

ji suan

laskea

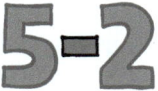

zi mu

kirjain

zi mu biao

aakkoset

zi

sana

ke wen

teksti

du

lukea

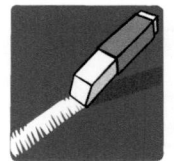

fen bi

liitu

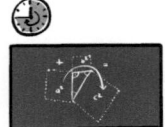

shang ke

oppitunti

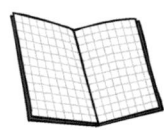

deng ji

opettajan muistikirja

kao shi

koe

zheng shu

todistus

xiao fu

koulupuku

jiao yu

koulutus

bai ke quan shu

sanakirja

da xue

yliopisto

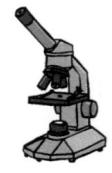

xian wei jing

mikroskooppi

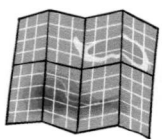

di tu

kartta

fei zhi kuang

roskakori

lü xing
matka

jiu dian
hotelli
Grand
qing nian lü xing she
retkeilymaja
wai bi dui huan chu
rahanvaihto
shou ti xiang
matkalaukku
qi che
auto

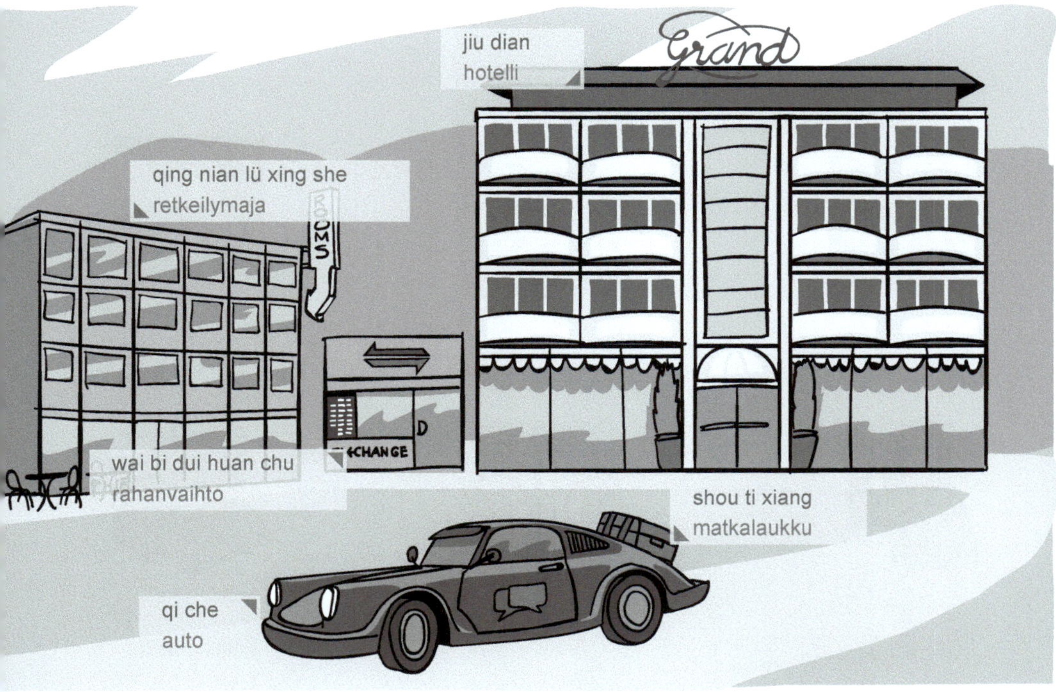

yu yan

kieli

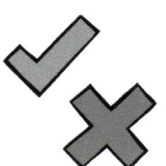

shi/fou

kyllä / ei

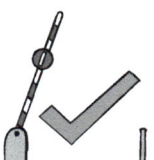

hao de

selvä

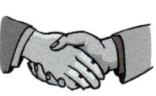

nin hao

hei

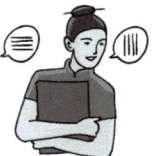

fan yi yuan

tulkki

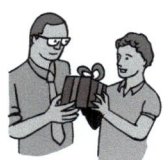

xie xie

kiitos

......duo shao qian?

Paljonko...maksaa?

wo bu ming bai

en ymmärrä

wen ti

ongelma

wan shang hao!

Hyvää iltaa!

zao shang hao!

Hyvää huomenta!

wan an!

Hyvää yötä!

zai jian

näkemiin

fang xiang

suunta

xing li

matkatavarat

bao

laukku

shuang jian bao

reppu

ke ren

vieras

fang jian

huone

shui dai

makuupussi

zhang peng

teltta

lü you xin xi

turisti-info

hai tan

ranta

xin yong ka

luottokortti

zao can

aamupala

wu can

lounas

wan can

päivällinen

piao

matkalippu

dian ti

hissi

you piao

postimerkki

bian jie

raja

hai guan

tulli

da shi guan

suurlähetystö

qian zheng

viisumi

hu zhao

passi

jiao tong yun shu

kuljetus

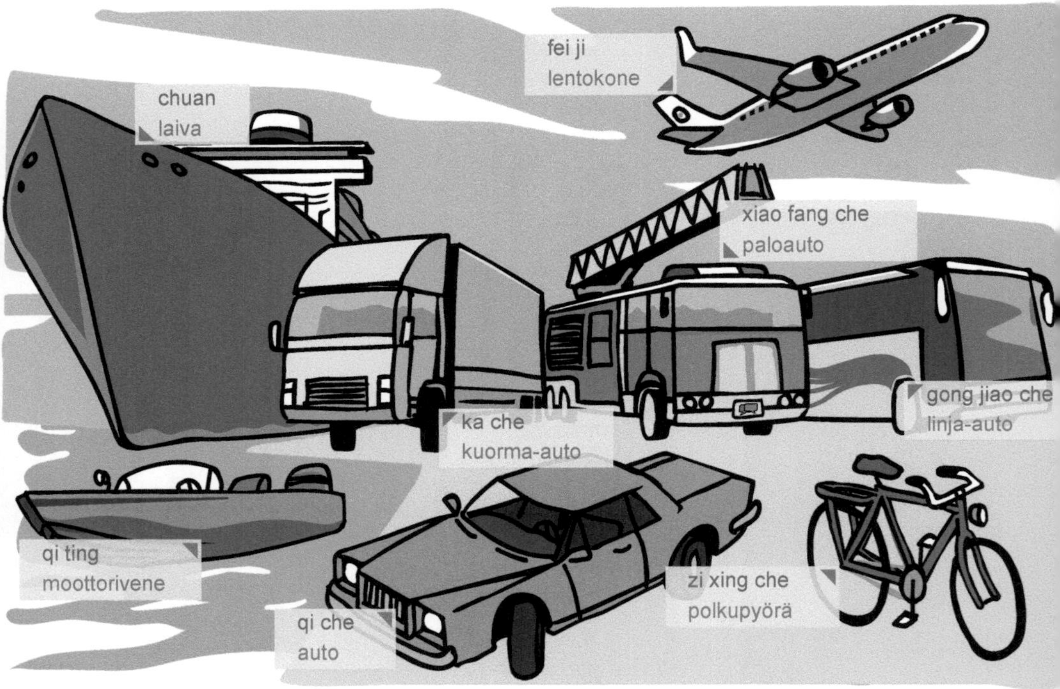

fei ji
lentokone
chuan
laiva
xiao fang che
paloauto
gong jiao che
linja-auto
ka che
kuorma-auto
qi ting
moottorivene
zi xing che
polkupyörä
qi che
auto

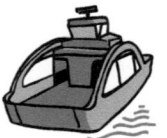

bai du chuan

lautta

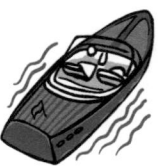

xiao chuan

vene

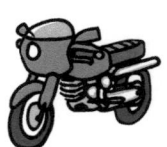

mo tuo che

moottoripyörä

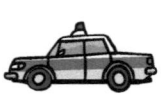

jing che

poliisiauto

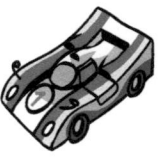

sai che

kilpa-auto

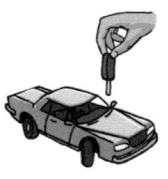

zu che

vuokra-auto

pin che
car sharing

tuo che
hinausauto

la ji che
roska-auto

fa dong ji
moottori

qi you
polttoaine

jia you zhan
huoltoasema

jiao tong biao zhi
liikennemerkki

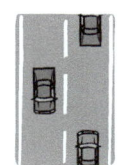

jiao tong
liikenne

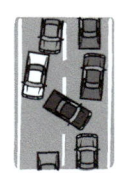

jiao tong du sai
ruuhka

ting che chang
parkkipaikka

huo che zhan
rautatieasema

gui dao
raiteet

huo che
juna

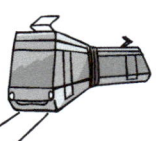

dian che
raitiovaunu

huo che
vaunu

zhi sheng ji

helikopteri

ji chang

lentokenttä

ta

lähilennonjohto

cheng ke

matkustaja

ji zhuang xiang

kontti

zhi ban xiang

pahvilaatikko

shou tui che

kärryt

lan zi

kori

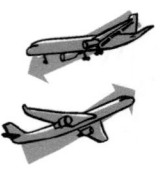

qi fei/jiang luo

nousta / laskea

cheng shi

kaupunki

cun zhuang

kylä

shi zhong xin

keskusta

fang zi

talo

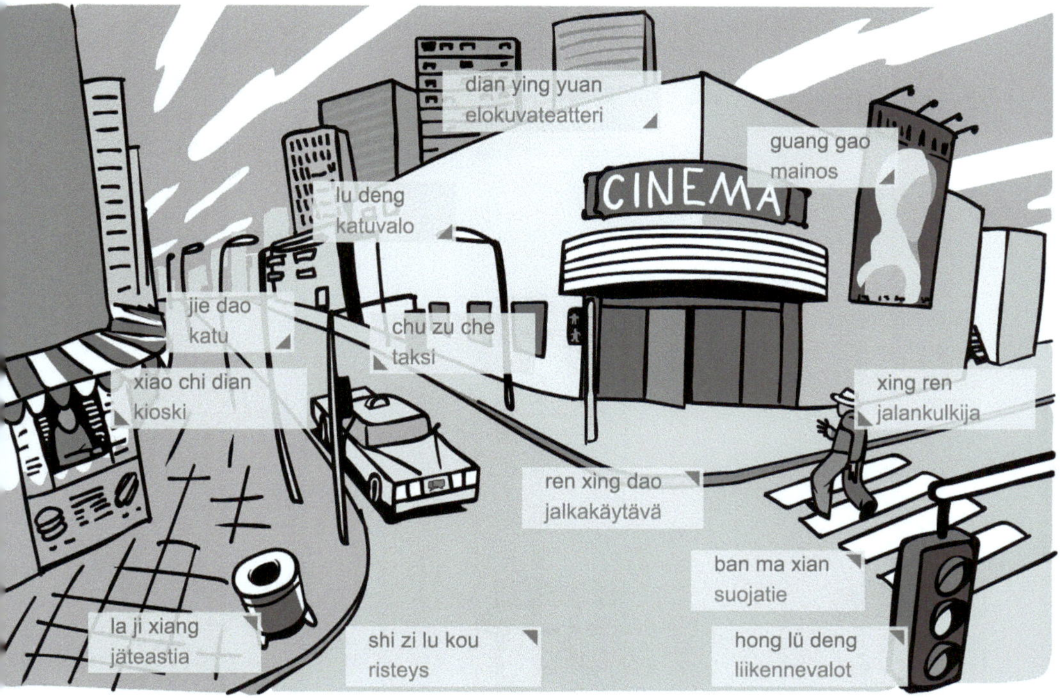

dian ying yuan
elokuvateatteri
CINEMA
guang gao
mainos
lu deng
katuvalo
jie dao
katu
chu zu che
taksi
xiao chi dian
kioski
xing ren
jalankulkija
ren xing dao
jalkakäytävä
ban ma xian
suojatie
la ji xiang
jäteastia
shi zi lu kou
risteys
hong lü deng
liikennevalot

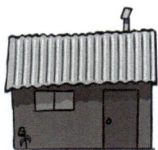

xiao wu

mökki

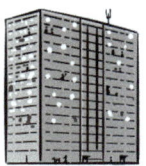

gong yu

kerrostalo

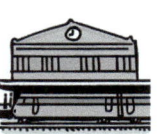

huo che zhan

rautatieasema

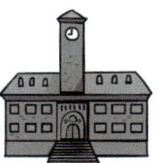

shi zheng ting

kaupungintalo

MUSEUM

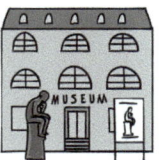

bo wu guan

museo

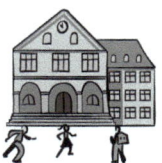

xue xiao

koulu

da xue

yliopisto

yin hang

pankki

yi yuan

sairaala

jiu dian

hotelli

yao fang

apteekki

ban gong shi

toimisto

shu dian

kirjakauppa

shang dian

liike

hua dian

kukkakauppa

chao shi

supermarketti

shi chang

tori

bai huo shang dian

tavaratalo

yu dian

kalakauppias

gou wu zhong xin

ostoskeskus

hai gang

satama

gong yuan

puisto

chang deng

penkki

qiao

silta

lou ti

portaat

di tie

metro

sui dao

tunneli

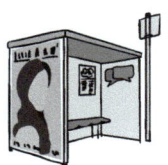

gong jiao che zhan

linja-autopysäkki

jiu ba

baari

can guan

ravintola

you tong

postilaatikko

lu biao

katukyltti

ting che ji shi qi

parkkimittari

dong wu yuan

eläintarha

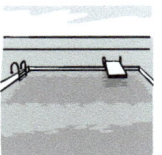

you yong guan

uimala

qing zhen si

moskeija

nong chang
....
maatila

wu ran
....
ympäristön saastuminen

mu di
....
hautausmaa

jiao tang
....
kirkko

cao chang
....
leikkikenttä

si miao
....
temppeli

di xing

maisema

shu ye
lehti

zhi shi pai
tienviitta

lu
tie

cao di
niitty

shi tou
kivi

tu bu lü xing zhe
retkeilijä

shu
puu

he
joki

cao
ruoho

hua
kukka

xia gu

laakso

shan

vuori

hu

järvi

sen lin

metsä

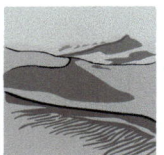

sha mo

aavikko

huo shan

tulivuori

cheng bao

linna

cai hong

sateenkaari

mo gu

sieni

zong lü shu

palmu

wen zi

hyttynen

cang ying

kärpänen

ma yi

muurahainen

mi feng

mehiläinen

zhi zhu

hämähäkki

di xing - maisema

jia chong

kovakuoriainen

qing wa

sammakko

song shu

orava

ci wei

siili

ye tu

jänis

mao tou ying

pöllö

niao

lintu

tian e

joutsen

ye zhu

villisika

lu

peura

mi lu

hirvi

shui ba

pato

feng li fa dian ji

tuulimylly

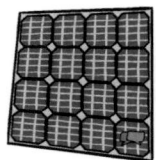

tai yang neng dian chi ban

aurinkopaneeli

qi hou

ilmasto

di xing - maisema

can guan

ravintola

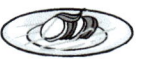

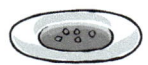

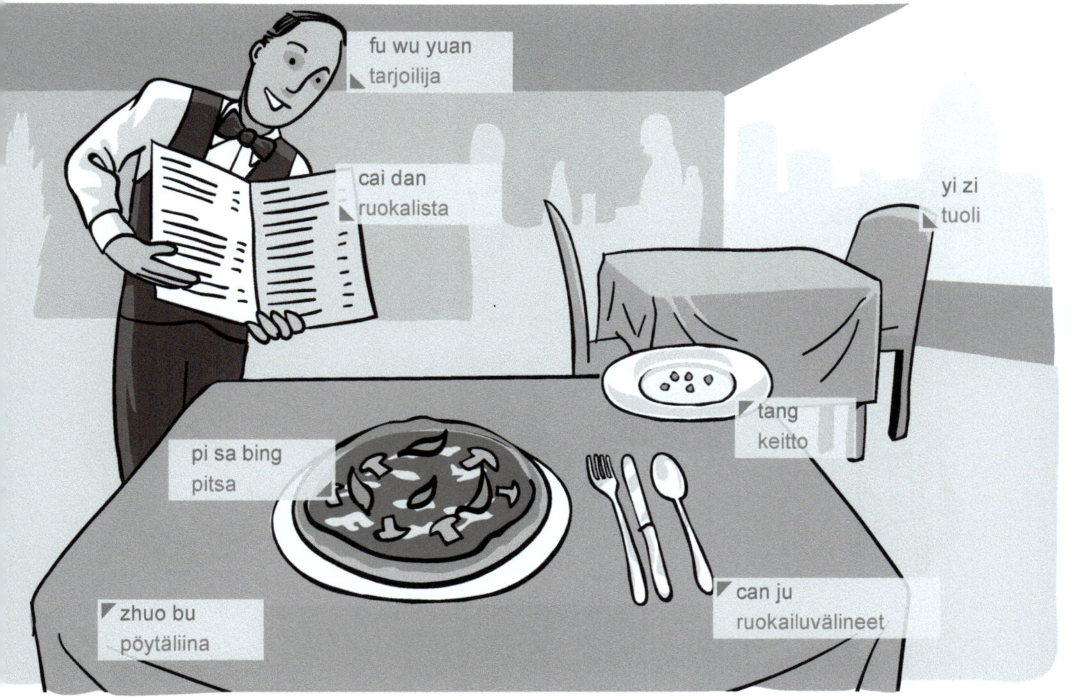
fu wu yuan
tarjoilija
cai dan
ruokalista
yi zi
tuoli
tang
keitto
pi sa bing
pitsa
zhuo bu
pöytäliina
can ju
ruokailuvälineet

qian cai

alkuruoka

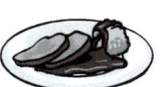

zhu cai

pääruoka

tian dian

jälkiruoka

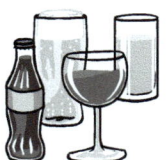

yin liao

juomat

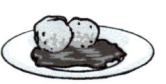

shi wu

ruoka

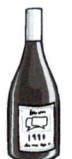

ping zi

pullo

kuai can

pikaruoka

jie bian xiao chi

katuruoka

cha hu

teekannu

tang he

sokeriastia

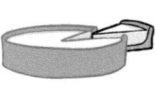

yi fen fan cai

annos

yi shi ka fei ji

espressokeitin

gao jiao yi

syöttötuoli

zhang dan

lasku

tuo pan

tarjotin

dao

veitsi

can cha

haarukka

shao zi

lusikka

cha chi

teelusikka

can jin

servietti

bo li bei

lasi

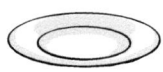

die zi

lautanen

tang pan

syvä lautanen

die zi

aluslautanen

jiang

kastike

yan ping

suolasirotin

hu jiao mo

pippurimylly

cu

etikka

shi yong you

öljy

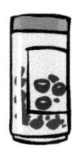

tiao wei liao

mausteet

fan qie jiang

ketsuppi

jie mo

sinappi

dan huang jiang

majoneesi

chao shi
supermarketti

te jia
tarjous
FOR
gu ke
asiakas
ru zhi pin
maitotuotteet
shui guo
hedelmät
gou wu che
ostoskärryt

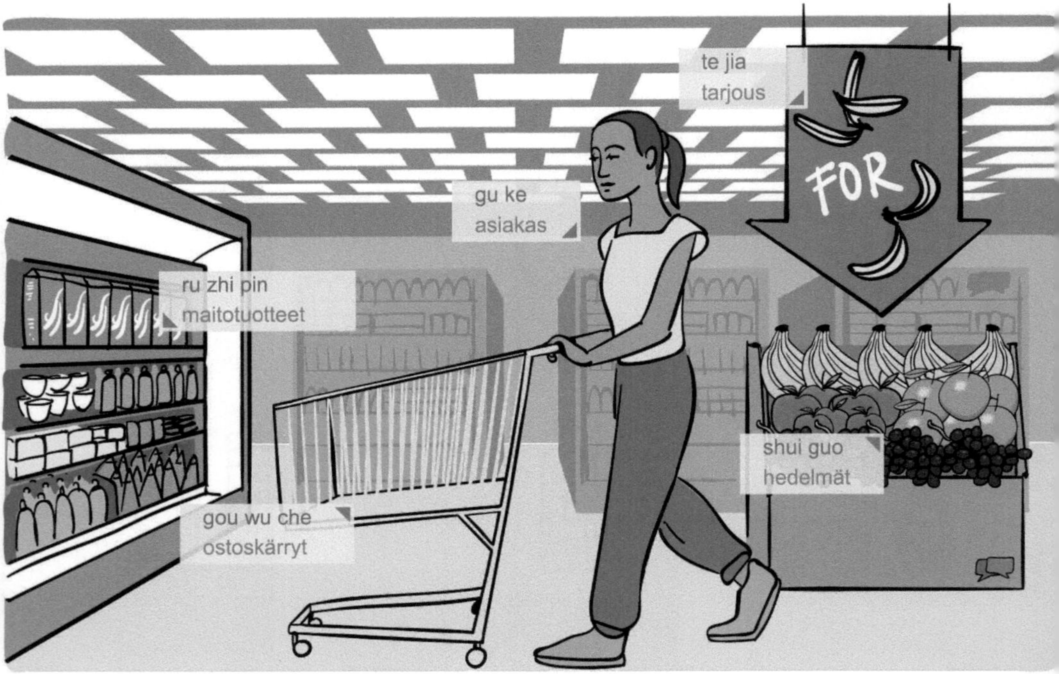

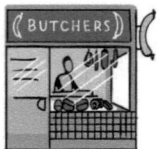

BUTCHERS

rou pu

teurastamo

BAKERY

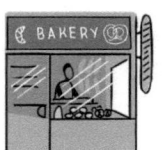

mian bao fang

leipomo

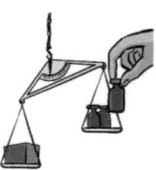

cheng zhong

punnita

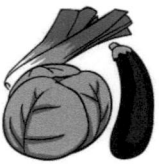

shu cai

kasvikset

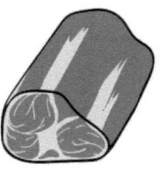

rou

liha

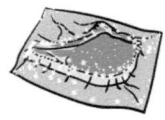

leng dong shi pin

pakasteet

leng pan

leikkele

guan tou shi pin

säilykkeet

xi yi fen

pesujauhe

tian shi

makeiset

ri yong pin

kotitaloustarvikkeet

qing jie yong pin

puhdistusaineet

xiao shou yuan

myyjä

shou yin ji

kassa

shou yin yuan

kassanhoitaja

gou wu qing dan

ostoslista

kai fang shi jian

aukioloajat

qian bao

lompakko

xin yong ka

luottokortti

dai zi

kassi

su liao dai

muovipussi

shui

vesi

guo zhi

mehu

niu nai

maito

ke le

kokis

hong jiu

viini

pi jiu

olut

jiu

alkoholi

ke ke

kaakao

cha

tee

ka fei

kahvi

yi shi nong suo ka fei

espresso

ka bu qi nuo

cappuccino

xiang jiao

banaani

ping guo

omena

cheng zi

appelsiini

xi gua

meloni

ning meng

sitruuna

hu luo bo

porkkana

da suan

valkosipuli

zhu zi

bambu

yang cong

sipuli

mo gu

sieni

jian guo

pähkinät

mian tiao

spagetti

yi da li mian tiao

spagetti

mi fan

riisi

sha la

salaatti

shu tiao

ranskalaiset

zha tu dou

paistetut perunat

pi sa bing

pitsa

han bao bao

hampurilainen

san ming zhi

voileipä

zha zhu pai

leike

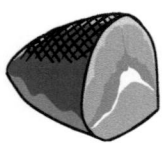

huo tui

kinkku

sa la mi

salami

xiang chang

makkara

ji rou

kana

kao rou

paisti

yu

kala

yan mai pian

kaurahiutaleet

mu zi li

mysli

yu mi pian

murot

mian fen

jauho

yang jiao mian bao

voisarvi

mian bao juan

sämpylä

mian bao

leipä

kao mian bao

paahtoleipä

bing gan

keksit

huang you

voi

ning ru

rahka

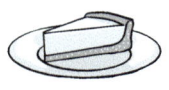

dan gao

kakku

dan

kananmuna

jian dan

paistettu kananmuna

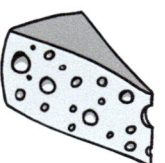

nai lao

juusto

bing ji lin

jäätelö

tang

sokeri

feng mi

hunaja

guo jiang

hillo

qiao ke li jiang

suklaapähkinälevite

ga li fan

curry

nong she
maatila

liang cang
lato; liiteri

dao cao kun
heinäpaali

tian ye
pelto

ma
hevonen

tuo che
peräkärry

tuo la ji
traktori

ma ju
varsa

lü
aasi

yang
lammas

gao yang
karitsa

shan yang

vuohi

nai niu

lehmä

niu du

vasikka

zhu

sika

xiao zhu

porsas

gong niu

sonni

e
hanhi

ya
ankka

xiao ji
tipu

mu ji
kana

gong ji
kukko

shu
rotta

mao
kissa

lao shu
hiiri

niu
härkä

gou
koira

gou wu
koirankoppi

hua yuan jiao shui ruan guan
puutarhaletku

sa shui hu
kastelukannu

chang bing da lian dao
viikate

li
aura

lian dao

sirppi

chu tou

kuokka

chang bing cao pa

talikko

fu tou

kirves

du lun shou tui che

kottikärryt

si liao cao

kaukalo

niu nai guan

maitokannu

ma bu dai

säkki

zha lan

aita

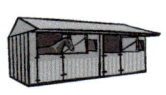

ma jiu

talli

wen shi

kasvihuone

tu rang

maa

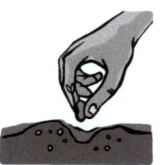

zhong zi

siemen

fei liao

lannoite

lian he shou ge ji

leikkuupuimuri

shou ge

kerätä sato

shou ge

sato

shan yao

jamssit

xiao mai

vehnä

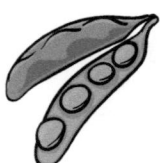

da dou

soija

tu dou

peruna

yu mi

maissi

you cai zi

rypsi

guo shu

hedelmäpuu

shu shu

maniokki

gu wu

vilja

fang zi
talo

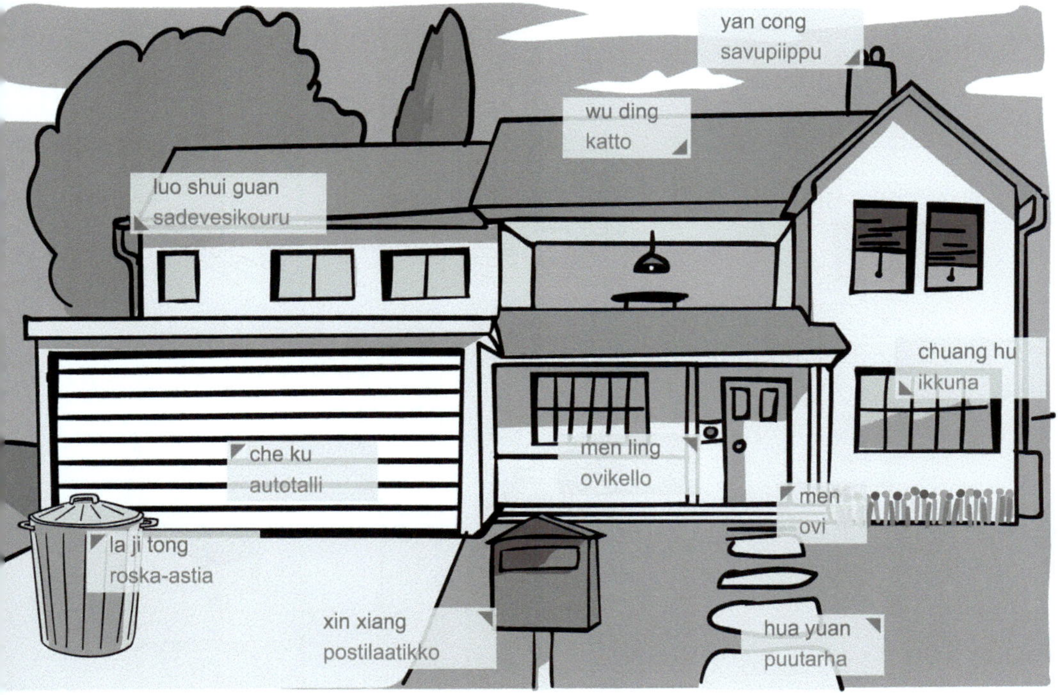
yan cong
savupiippu
wu ding
katto
luo shui guan
sadevesikouru
chuang hu
ikkuna
che ku
autotalli
men ling
ovikello
men
ovi
la ji tong
roska-astia
xin xiang
postilaatikko
hua yuan
puutarha

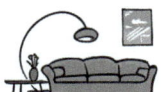

ke ting

olohuone

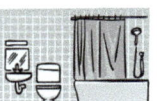

yu shi

kylpyhuone

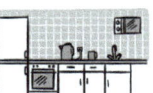

chu fang

keittiö

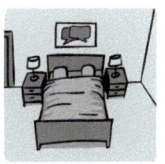

wo shi

makuuhuone

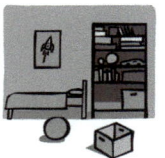

er tong fang

lastenhuone

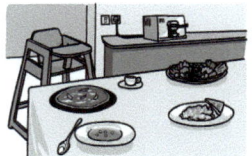

can ting

ruokahuone

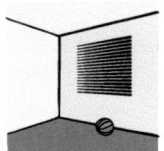

di ban

lattia

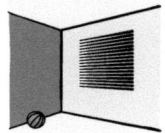

qiang bi

seinä

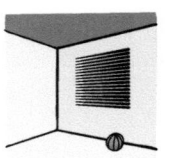

diao ding

katto

di jiao

kellari

sang na

sauna

yang tai

parveke

lu tai

terassi

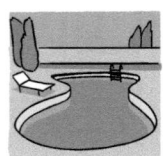

you yong chi

uima-allas

ge cao ji

ruohonleikkuri

bei dan

lakana

chuang zhao

päiväpeitto

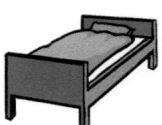

chuang

sänky

sao zhou

harja

shui tong

ämpäri

kai guan

katkaisin

ke ting

olohuone

bi zhi
tapetti
zhao pian
kuva
tai deng
lamppu
ge jia
hylly
chu gui
kaappi
dian shi ji
televisio
bi lu
takka
hua
kukka
dian zi
tyyny
sha fa
sohva
hua ping
maljakko
yao kong qi
kaukosäädin

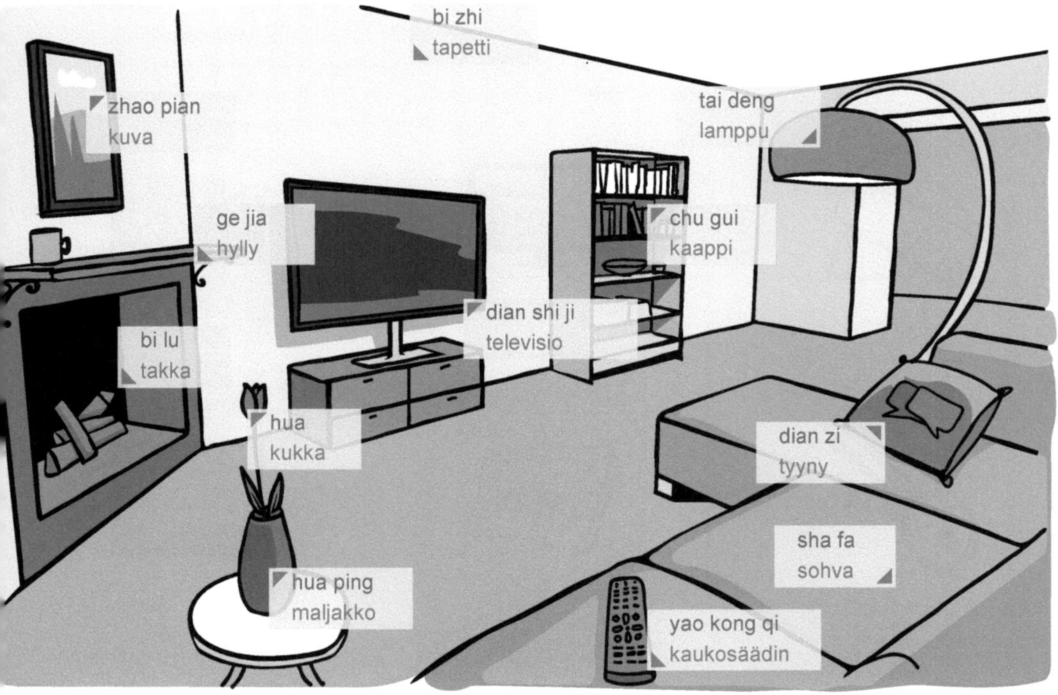

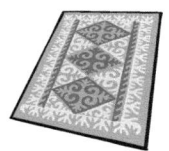

di tan

matto

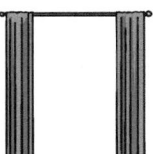

chuang lian

verho

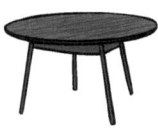

can zhuo

pöytä

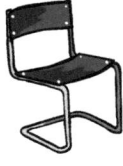

yi zi

tuoli

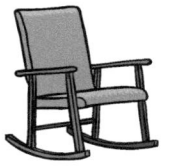

yao yi

keinutuoli

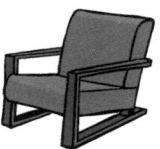

fu shou yi

nojatuoli

shu

kirja

tan zi

peitto

zhuang shi pin

koriste

mu chai

polttopuut

dian ying

elokuva

gao bao zhen yin xiang

stereot

yao shi

avain

bao zhi

sanomalehti

you hua

maalaus

hai bao

juliste

shou yin ji

radio

bi ji ben

muistivihko

xi chen qi

pölynimuri

xian ren zhang

kaktus

la zhu

kynttilä

chu fang
keittiö

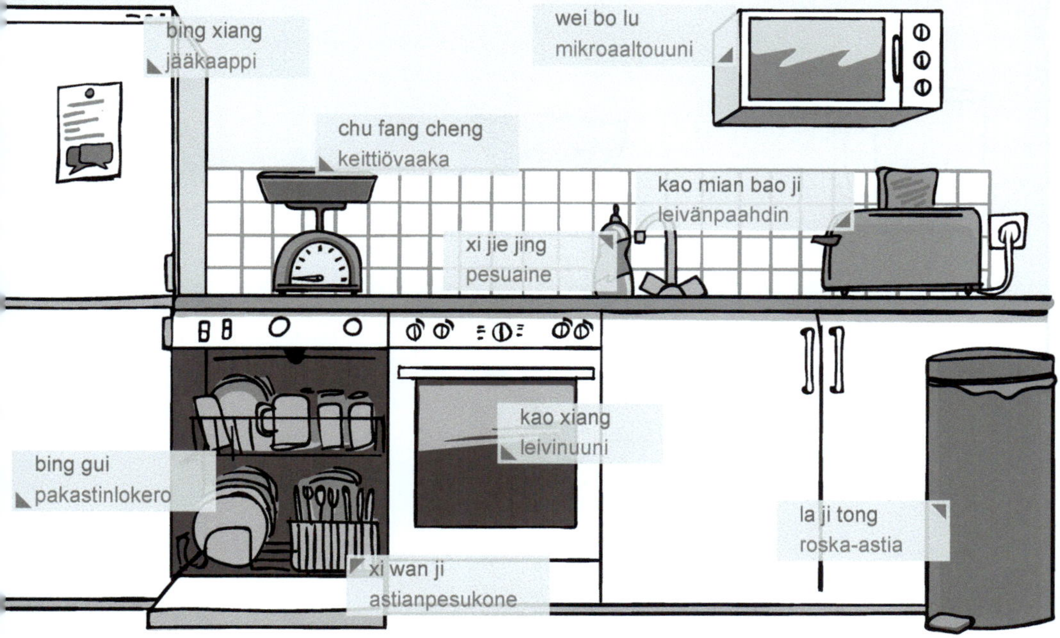

bing xiang
jääkaappi
wei bo lu
mikroaaltouuni
chu fang cheng
keittiövaaka
kao mian bao ji
leivänpaahdin
xi jie jing
pesuaine
kao xiang
leivinuuni
bing gui
pakastinlokero
la ji tong
roska-astia
xi wan ji
astianpesukone

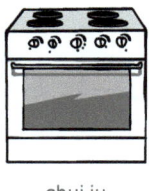

chui ju

liesi

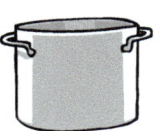

guo

kattila

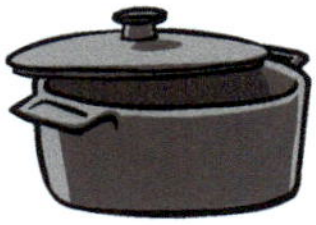

zhu tie guo

rautapata

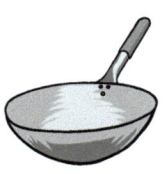

sha guo

vokkipannu / kadai-pannu

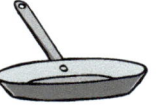

ping di guo

paistinpannu

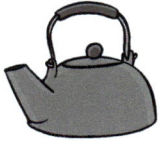

shui hu

teepannu

zheng guo

höyrykeitin

kao pan

uunipelti

tao ci guo

astiat

ma ke bei

muki

wan

kulho

kuai zi

syömäpuikot

chang bing shao

kauha

chan zi

paistinlasta

jiao ban qi

vispilä

lü wang

siivilä

shai zi

siivilä

mo sui ji

raastin

yan bo

mortteli

shao kao

grilli

ming huo

avotuli

cai ban

leikkuulauta

gan mian zhang

kaulin

kai ping qi

korkinavaaja

guan zi

purkki

kai ping qi

purkinavaaja

ge re shou tao

pannulappu

shui cao

lavuaari

shua zi

tiskiharja

hai mian

pesusieni

jiao ban ji

tehosekoitin

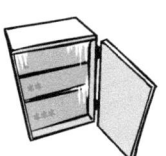

leng cang xiang

pakastin

nai ping

tuttipullo

shui long tou

vesihana

yu shi

kylpyhuone

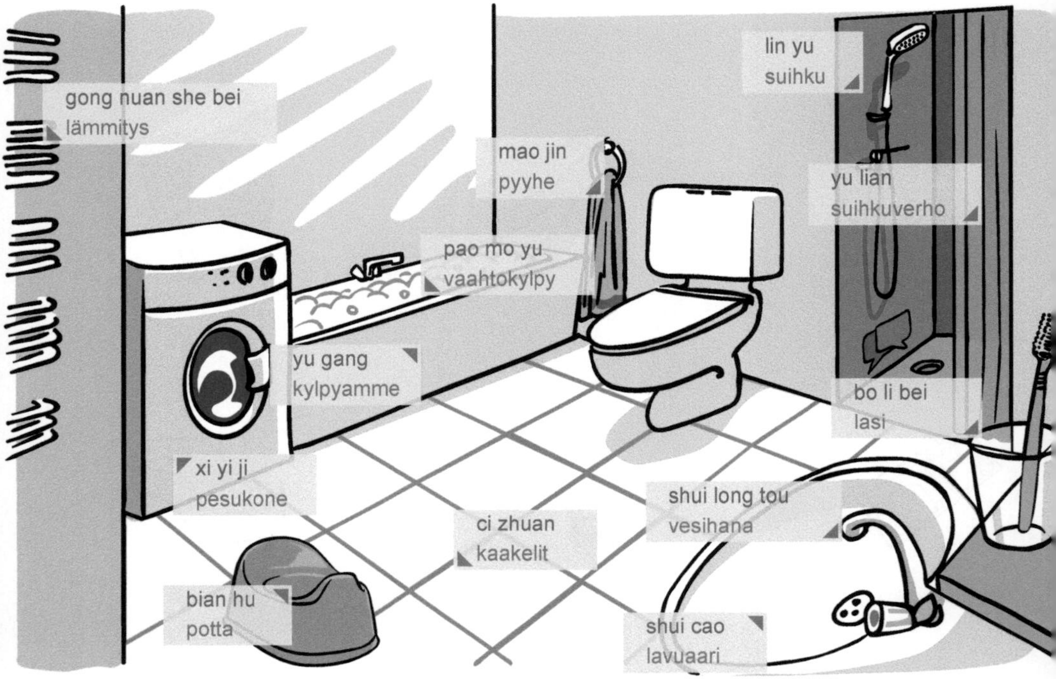

gong nuan she bei
lämmitys
lin yu
suihku
mao jin
pyyhe
yu lian
suihkuverho
pao mo yu
vaahtokylpy
yu gang
kylpyamme
bo li bei
lasi
xi yi ji
pesukone
shui long tou
vesihana
ci zhuan
kaakelit
bian hu
potta
shui cao
lavuaari

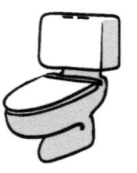

ce suo

vessa

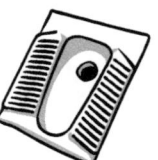

dun bian qi

kyykkyvessa

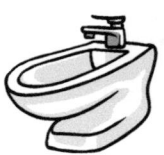

zuo yu qi

bidee

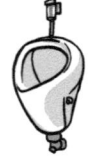

xiao bian chi

pisuaari

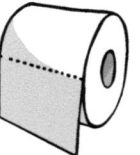

ce zhi

vessapaperi

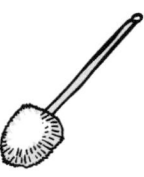

ma tong shua

vessaharja

ya shua

hammasharja

ya gao

hammastahna

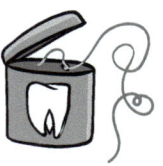

ya xian

hammaslanka

xi

pestä

shou chi shi pen lin tou

käsisuihku

chong xi qi

intiimisuihku

xi lian pen

pesuvati

ca bei shua

selkäharja

fei zao

saippua

mu yu lu

suihkugeeli

xi fa shui

shampoo

fa lan rong

pesulappu

pai shui

viemäri

ru shuang

voide

chu chou ji

deodorantti

jing zi

peili

shou jing

käsipeili

ti xu dao

partaveitsi

ti xu pao mo

partavaahto

xu hou shui

partavesi

shu zi

kampa

shua zi

harja

chui feng ji

hiustenkuivaaja

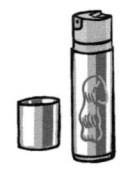

pen fa ding xing ji

hiuslakka

hua zhuang pin

meikki

chun gao

huulipuna

zhi jia you

kynsilakka

hua zhuang mian

pumpuli

zhi jia jian

kynsisakset

xiang shui

hajuvesi

xi shu bao

kosmetiikkalaukku

deng zi

jakkara

ji zhong cheng

vaaka

yu pao

kylpytakki

xiang jiao shou tao

kumihansikkaat

wei sheng mian tiao

tamponi

wei sheng jin

terveysside

hua xue ce suo

kemiallinen wc

er tong fang

lastenhuone

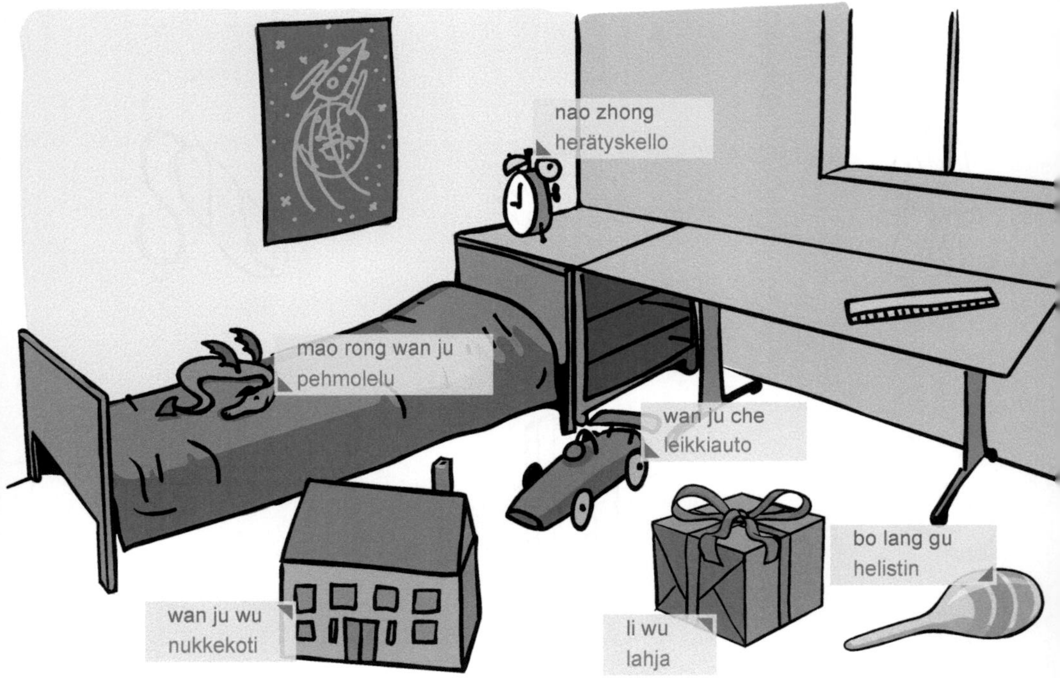
nao zhong
herätyskello
mao rong wan ju
pehmolelu
wan ju che
leikkiauto
bo lang gu
helistin
wan ju wu
nukkekoti
li wu
lahja

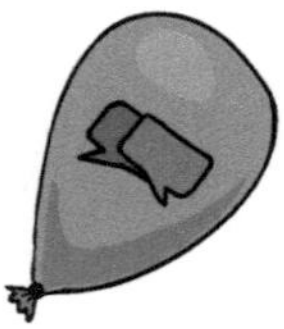

qi qiu

ilmapallo

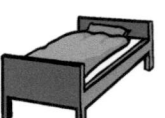

chuang

sänky

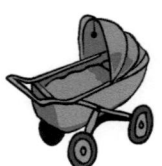

(yang wa wa yong)ying er che

lastenvaunut

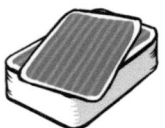

pu ke pai

korttipeli

pin tu

palapeli

SUPER MEGA

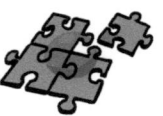

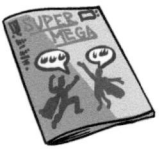

man hua

sarjakuva

le gao ji mu

legopalikat

ji mu wan ju

rakennuspalikat

wan ju ren

supersankari

ying er fu

potkupuku

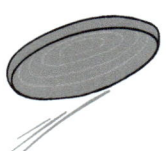

fei pan

frisbee

chuang ling wan ju

mobile

qi pan you xi

lautapeli

shai zi

noppa

huo che mo xing

pienoisjunarata

an fu nai zui

tutti

ju hui

juhlat

hui ben

kuvakirja

qiu

pallo

yang wa wa

nukke

wan

leikkiä

sha keng

hiekkalaatikko

qiu qian

keinu

wan ju

lelut

you xi ji

pelikonsoli

san lun che

kolmipyörä

tai di xiong

nalle

yi chu

vaatekaappi

yi fu

vaatteet

wa zi

sukat

chang wa

nylonsukat

jin shen ku

sukkahousut

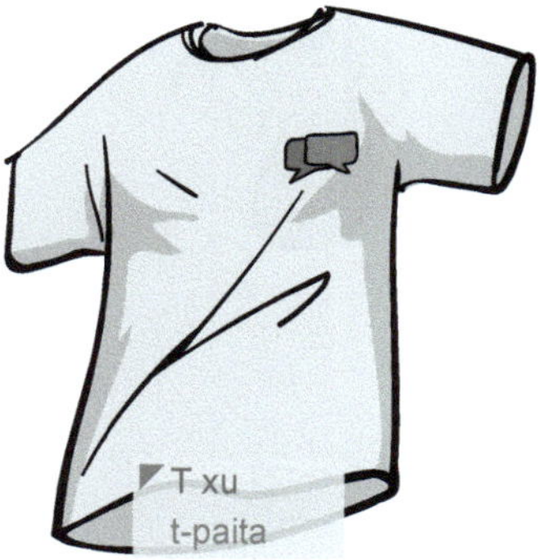

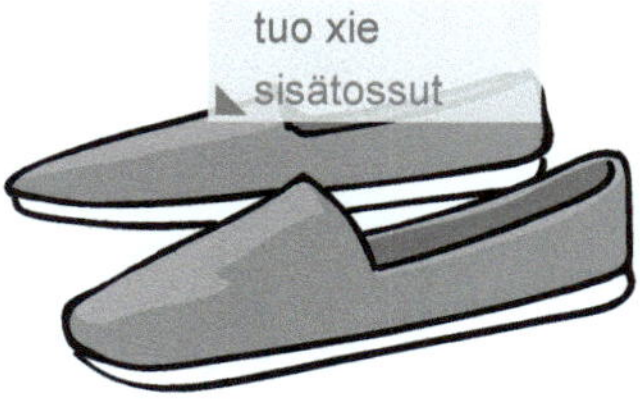

wei jin
kaulaliina

pi dai
vyö

yu san
sateenvarjo

T xu
t-paita

yun dong xie
lenkkarit

xue zi
saappaat

tuo xie
sisätossut

liang xie

sandaalit

xie

kengät

yu xue

kumisaappaat

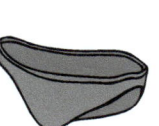

nei ku

alushousut

xiong zhao

rintaliivit

bei xin

aluspaita

shen ti

body

ku zi

housut

niu zai ku

farkut

duan qun

hame

nü shi chen shan

pusero

chen shan

paita

tao tou shan

villapaita

wei yi

collegepaita

xi zhuang jia ke

jakku

jia ke

takki

wai tao

takki

yu yi

sadetakki

tao zhuang

puku

lian yi qun

mekko

hun sha

hääpuku

xi zhuang

puku

shui pao

yöpaita

shui yi

pyjama

sha li

shari

tou jin

päähuivi

bao tou jin

turbaani

bo ka

burka

ka fu tan

kaftaani

(a la bo shi)chang pao

abaya

yong yi

uimapuku

nan shi yong ku

uimahousut

duan ku

shortsit

yun dong fu

verkkarit

wei qun

esiliina

shou tao

käsineet

niu kou

nappi

yan jing

silmälasit

shou lian

rannekoru

xiang lian

kaulakoru

jie zhi

sormus

er huan

korvakoru

bian mao

lippalakki

yi jia

ripustin

mao zi

hattu

ling dai

solmio

la lian

vetoketju

tou kui

kypärä

bei dai

henkselit

xiao fu

koulupuku

zhi fu

univormu

wei dou

ruokalappu

an fu nai zui

tutti

niao bu shi

vaippa

ban gong shi
toimisto

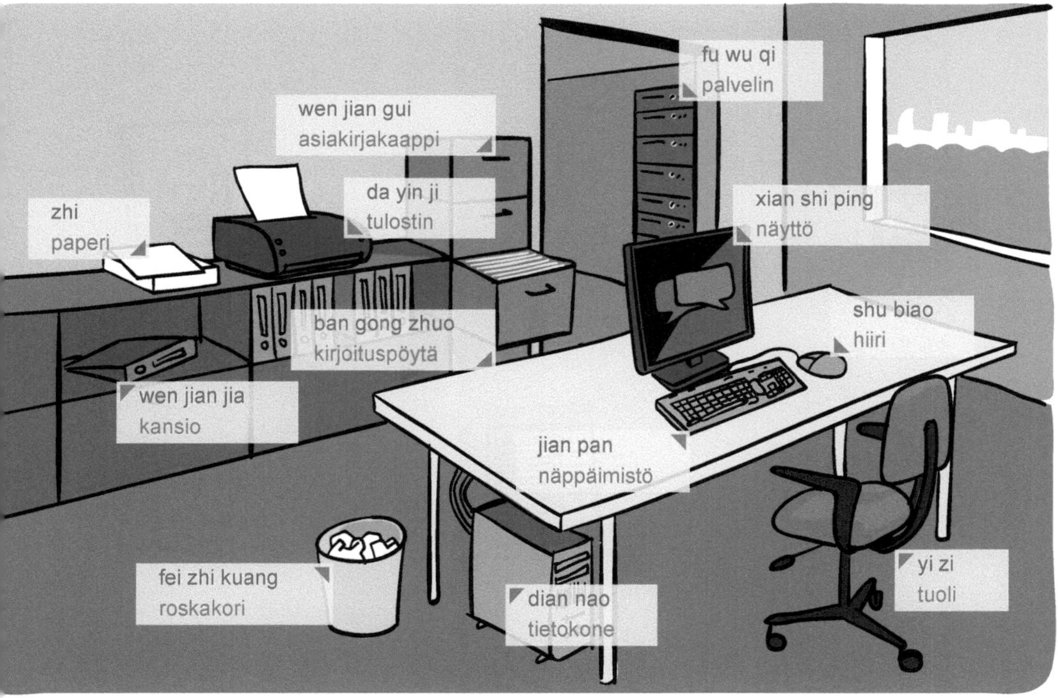

wen jian gui
asiakirjakaappi

fu wu qi
palvelin

zhi
paperi

da yin ji
tulostin

xian shi ping
näyttö

ban gong zhuo
kirjoituspöytä

shu biao
hiiri

wen jian jia
kansio

jian pan
näppäimistö

fei zhi kuang
roskakori

dian nao
tietokone

yi zi
tuoli

ka fei bei

kahvimuki

ji suan qi

taskulaskin

yin te wang

internet

bi ji ben dian nao

kannettava tietokone

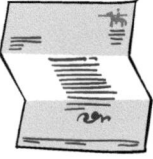

xin jian

kirje

xiao xi

viesti

shou ji

kännykkä

wang luo

verkko

fu yin ji

kopiokone

ruan jian

ohjelmisto

dian hua

puhelin

cha zuo

pistorasia

chuan zhen ji

faksi

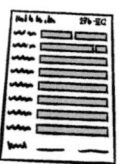

biao ge

lomake

wen jian

asiakirja

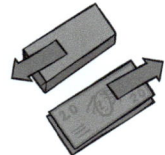

mai

ostaa

fu qian

maksaa

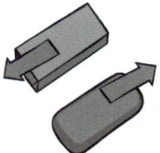

jiao yi

vaihtaa

xian jin

raha

mei yuan

dollari

ou yuan

euro

ri yuan

jeni

lu bu

rupla

rui shi fa lang

frangi

ren min bi

renminbi juan

lu bi

rupia

ti kuan chu

pankkiautomaatti

wai bi dui huan chu

rahanvaihto

jin

kulta

yin

hopea

shi you

öljy

neng yuan

energia

jia ge

hinta

he tong

sopimus

shui jin

vero

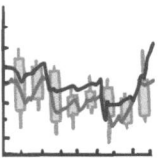

gu piao

osake

gong zuo

työskennellä

zhi yuan

työntekijä

lao ban

työnantaja

gong chang

tehdas

shang dian

liike

zhi ye

ammatit

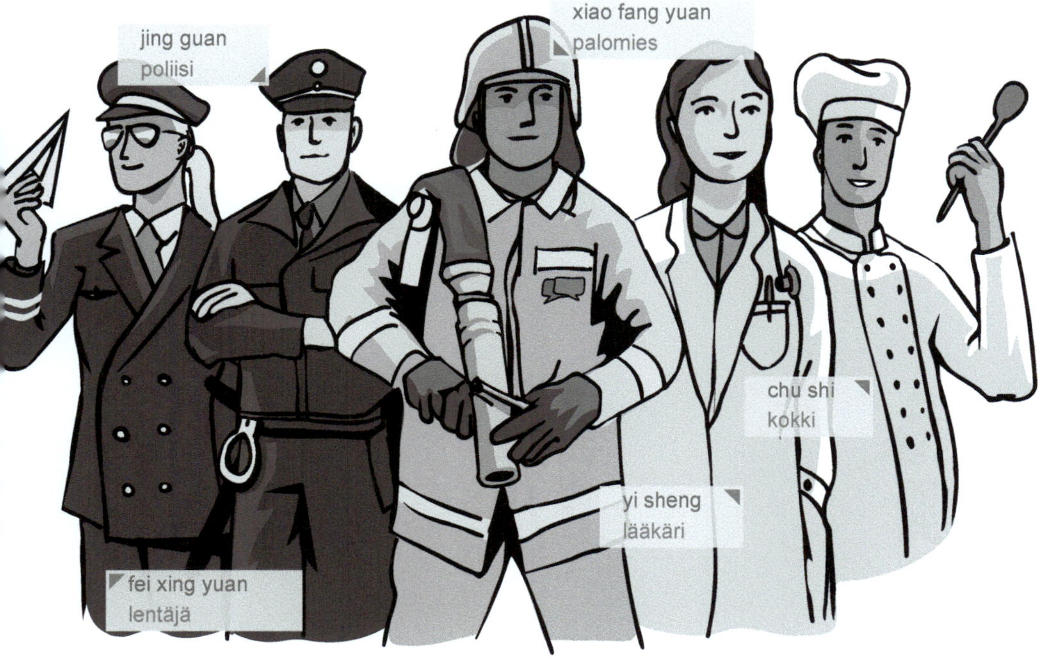
jing guan
poliisi
xiao fang yuan
palomies
chu shi
kokki
yi sheng
lääkäri
fei xing yuan
lentäjä

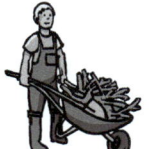

yuan ding

puutarhuri

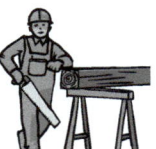

mu jiang

puuseppä

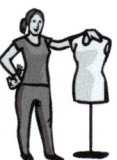

cai feng

ompelija

fa guan

tuomari

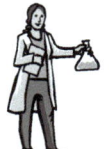

hua xue jia

kemisti

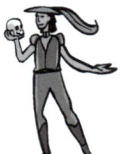

yan yuan

näyttelijä

gong jiao che si ji

linja-autonkuljettaja

chu zu che si ji

taksinkuljettaja

yu fu

kalastaja

qing jie nü gong

siivooja

wu ding gong

katontekijä

fu wu yuan

tarjoilija

lie ren

metsästäjä

hua jia

maalari

mian bao shi

leipuri

dian gong

sähköasentaja

jian zhu gong ren

rakentaja

gong cheng shi

insinööri

tu fu

teurastaja

shui guan gong

putkiasentaja

you di yuan

postinjakaja

shi bing

sotilas

jian zhu shi

arkkitehti

shou yin yuan

kassanhoitaja

hua nong

floristi

li fa shi

kampaaja

shou piao yuan

konduktööri

ji xie shi

mekaanikko

chuan zhang

kapteeni

ya yi

hammaslääkäri

ke xue jia

tiedemies

la bi

rabbi

yi ma mu

imaami

he shang

munkki

mu shi

pappi

gong ju
työkalut

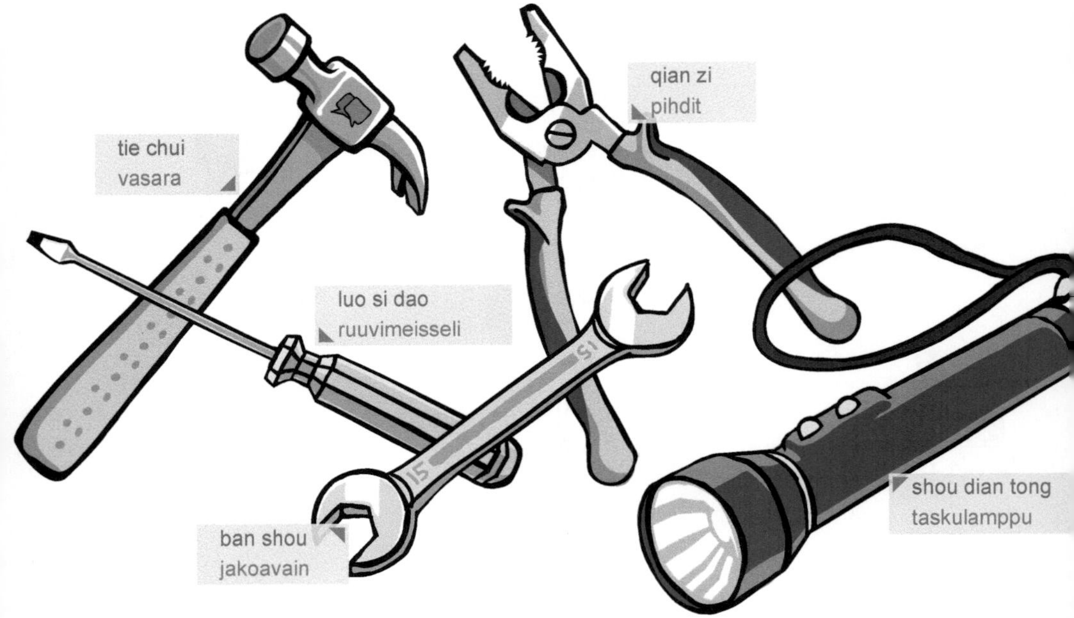

tie chui
vasara
qian zi
pihdit
luo si dao
ruuvimeisseli
shou dian tong
taskulamppu
ban shou
jakoavain

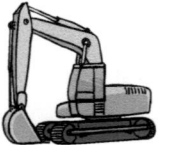

wa jue ji

kaivinkone

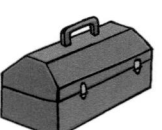

gong ju xiang

työkalupakki

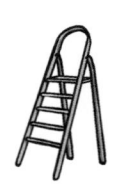

ti zi

tikkaat

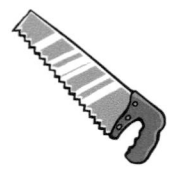

ju zi

saha

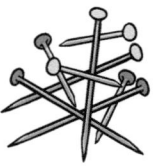

ding zi

naulat

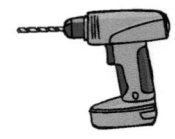

zuan ji

pora

xiu
korjata

chan zi
lapio

kao!
Hitto!

bo ji
rikkalapio

you qi tong
maalipurkki

luo si
ruuvit

yue qi
soittimet

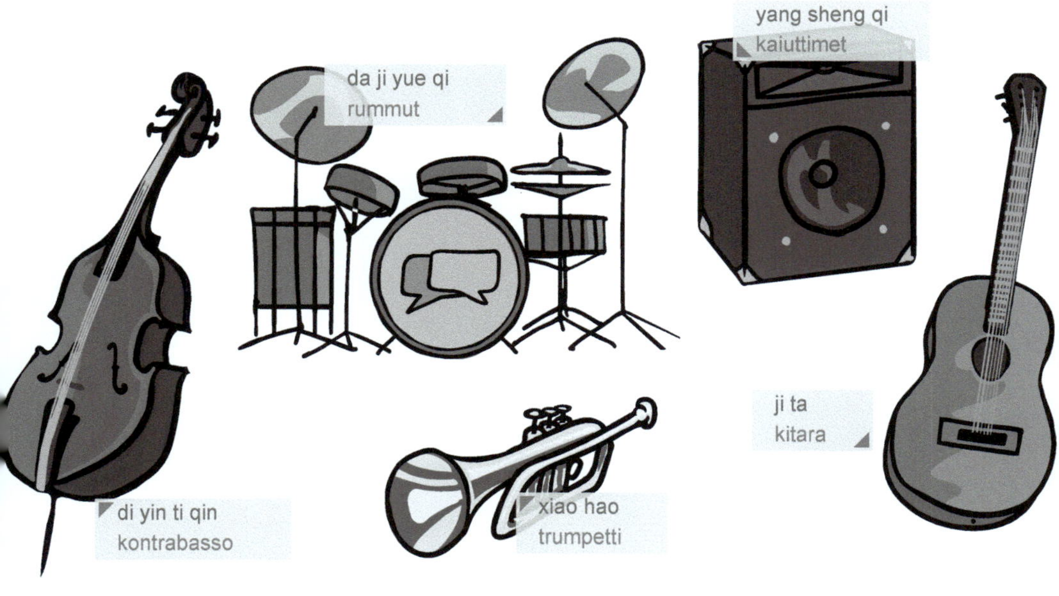

yang sheng qi
kaiuttimet

da ji yue qi
rummut

ji ta
kitara

di yin ti qin
kontrabasso

xiao hao
trumpetti

gang qin

piano

xiao ti qin

viulu

bei si

basso

ding yin gu

patarummut

gu

rumpu

dian zi qin

kosketinsoitin

sa ke si guan

saksofoni

chang di

huilu

mai ke feng

mikrofoni

dong wu yuan

eläintarha

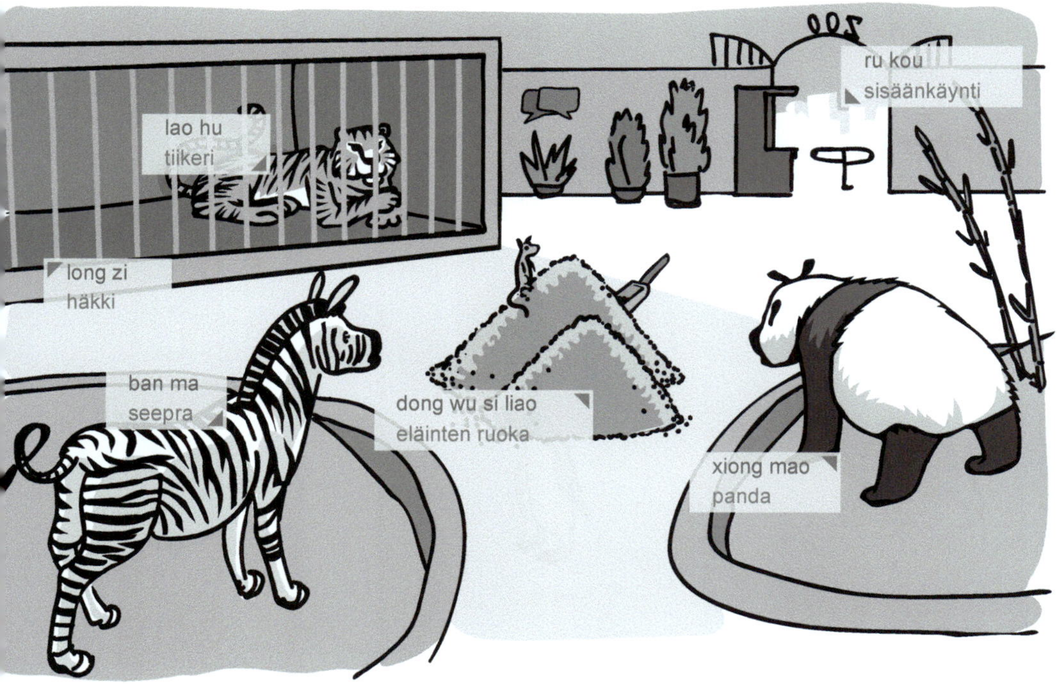

lao hu
tiikeri
ru kou
sisäänkäynti
long zi
häkki
ban ma
seepra
dong wu si liao
eläinten ruoka
xiong mao
panda

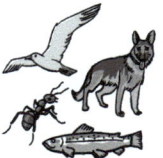

dong wu

eläimet

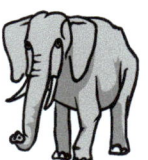

da xiang

norsu

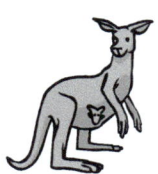

dai shu

kenguru

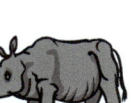

xi niu

sarvikuono

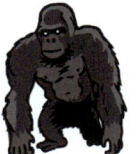

da xing xing

gorilla

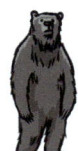

xiong

karhu

luo tuo

kameli

tuo niao

strutsi

shi zi

leijona

hou zi

apina

huo lie niao

flamingo

ying wu

papukaija

bei ji xiong

jääkarhu

qi e

pingviini

sha yu

hai

kong que

riikinkukko

she

käärme

e yu

krokotiili

dong wu yuan guan li yuan

eläintarhanhoitaja

hai bao

hylje

mei zhou bao

jaguaari

ai zhong ma

poni

bao

leopardi

he ma

virtahepo

chang jing lu

kirahvi

lao ying

kotka

ye zhu

villisika

yu

kala

gui

kilpikonna

hai xiang

mursu

hu li

kettu

ling yang

gaselli

gan lan qiu
amerikkalainen jalkapallo

qi zi xing che
pyöräily

wang qiu
tennis

lan qiu
koripallo

you yong
uinti

quan ji
nyrkkeily

bing qiu
jääkiekko

ying shi zu qiu

jalkapallo

yu mao qiu

sulkapallo

tian jing

yleisurheilu

shou qiu

käsipallo

hua xue

hiihto

ma qiu

poolo

huo dong
aktiviteetit

xiao
nauraa
tiao
hypätä
yong bao
halata
zou lu
kävellä
chang
laulaa
zuo meng
unelmoida
qi dao
rukoilla
qin wen
suudella

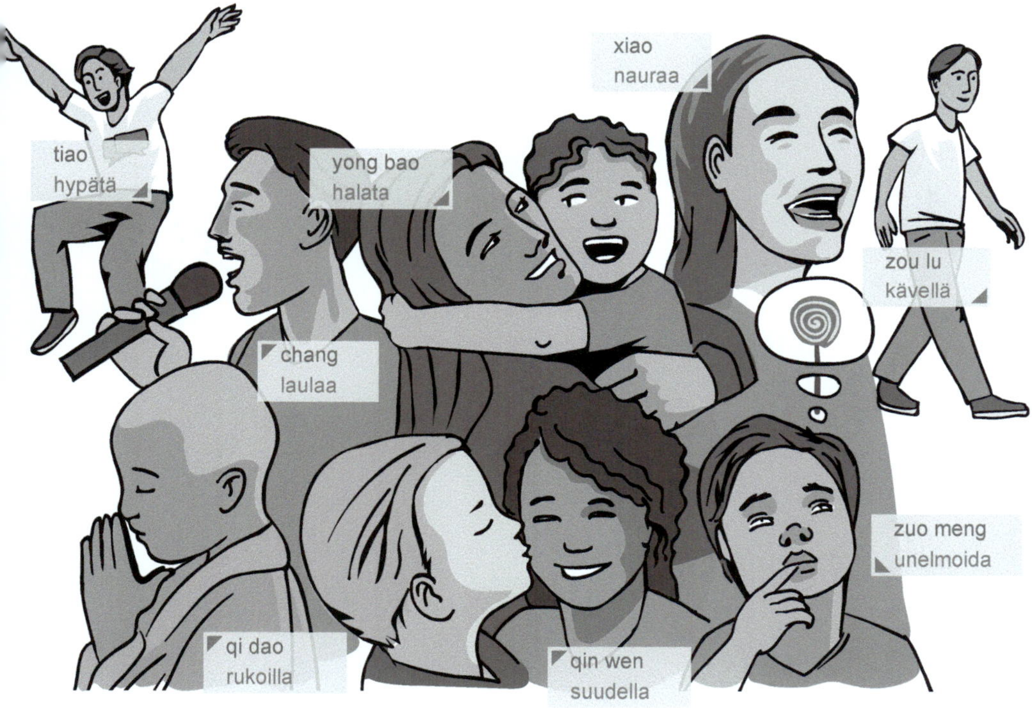

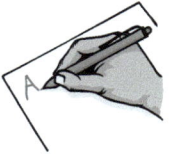

shu xie

kirjoittaa

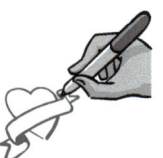

hua

piirtää

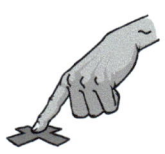

zhan shi

näyttää

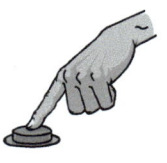

tui

painaa

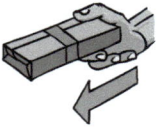

gei

antaa

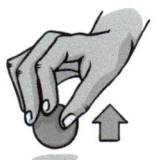

na

ottaa

you

omistaa

zuo

tehdä

dang

olla

zhan

seisoa

pao

juosta

la

vetää

reng

heittää

shuai dao

kaatua

tang

maata

deng dai

odottaa

xie dai

kantaa

zuo

istua

chuan yi

pukeutua

shui jiao

nukkua

xing lai

herätä

kan

katsoa

ku

itkeä

fu mo

silittää

shu tou

kammata

jiao tan

puhua

ming bai

ymmärtää

wen

kysyä

ting

kuunnella

he

juoda

chi

syödä

qing li

siivota

ai

rakastaa

zuo fan

keittää

kai che

ajaa

fei

lentää

huo dong - aktiviteetit

hang xing

purjehtia

ji suan

laskea

du

lukea

xue xi

oppia

gong zuo

työskennellä

jie hun

mennä naimisiin

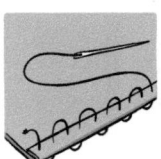

feng

ommella

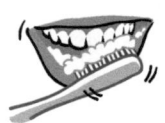

shua ya

pestä hampaat

sha

tappaa

chou yan

tupakoida

ji

lähettää

zu mu
mummo

zu fu
ukki

fu qin
isä

mu qin
äiti

ying tong
vauva

nü er
tytär

er zi
poika

ke ren

vieras

a yi

täti

shu shu

setä

xiong di

veli

jie mei

sisko

shen ti

vartalo

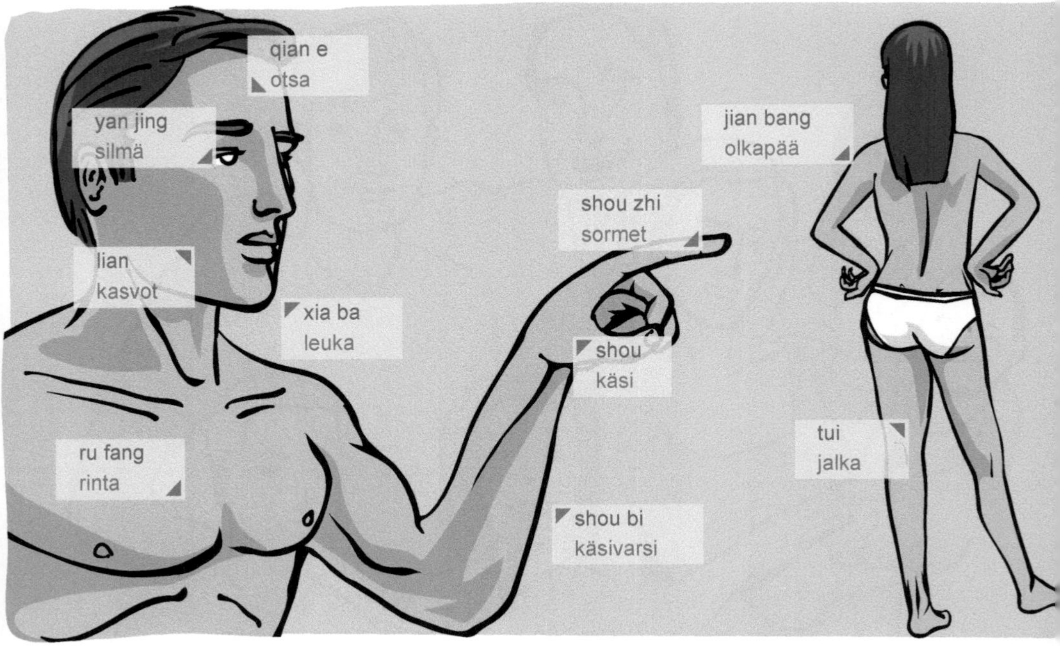

qian e
otsa
yan jing
silmä
jian bang
olkapää
shou zhi
sormet
lian
kasvot
xia ba
leuka
shou
käsi
tui
jalka
ru fang
rinta
shou bi
käsivarsi

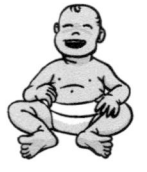

ying tong

vauva

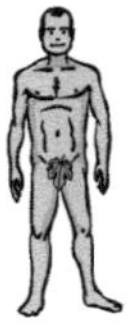

nan ren

mies

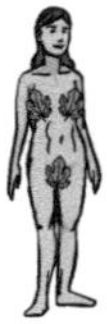

nü ren

nainen

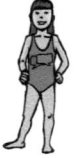

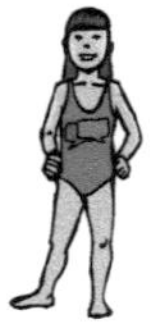

nü hai

tyttö

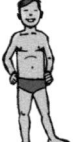

nan hai

poika

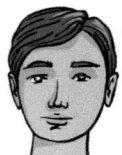

tou

pää

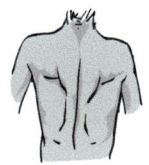

bei bu

selkä

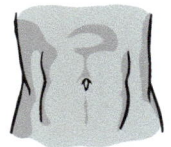

du zi

maha

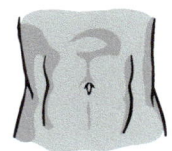

du qi

napa

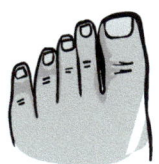

jiao zhi

varvas

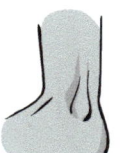

jiao hou gen

kantapää

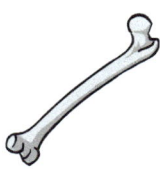

gu tou

luu

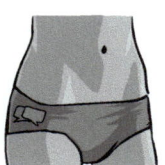

tun bu

lantio

xi gai

polvi

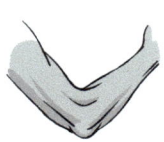

shou zhou

kyynärpää

bi zi

nenä

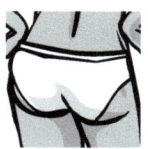

pi gu

takapuoli

pi fu

iho

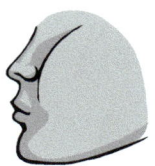

lian jia

poski

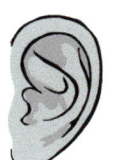

er duo

korva

zui chun

huuli

zui

suu

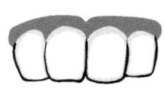

ya chi

hammas

she tou

kieli

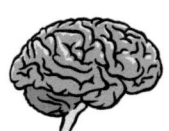

nao

aivot

xin zang

sydän

ji rou

lihas

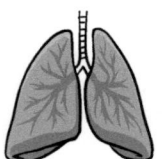

fei

keuhkot

gan zang

maksa

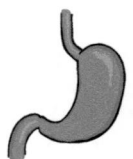

wei

vatsa

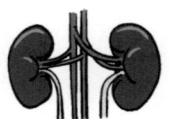

shen zang

munuaiset

xing jiao

seksi

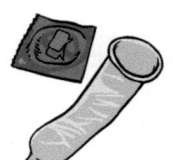

bi yun tao

kondomi

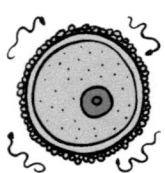

luan zi

munasolu

jing zi

sperma

huai yun

raskaus

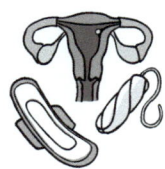

yue jing

kuukautiset

yin dao

vagina

yin jing

penis

mei mao

kulmakarvat

tou fa

hiukset

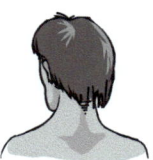

bo zi

niska

yi yuan
sairaala

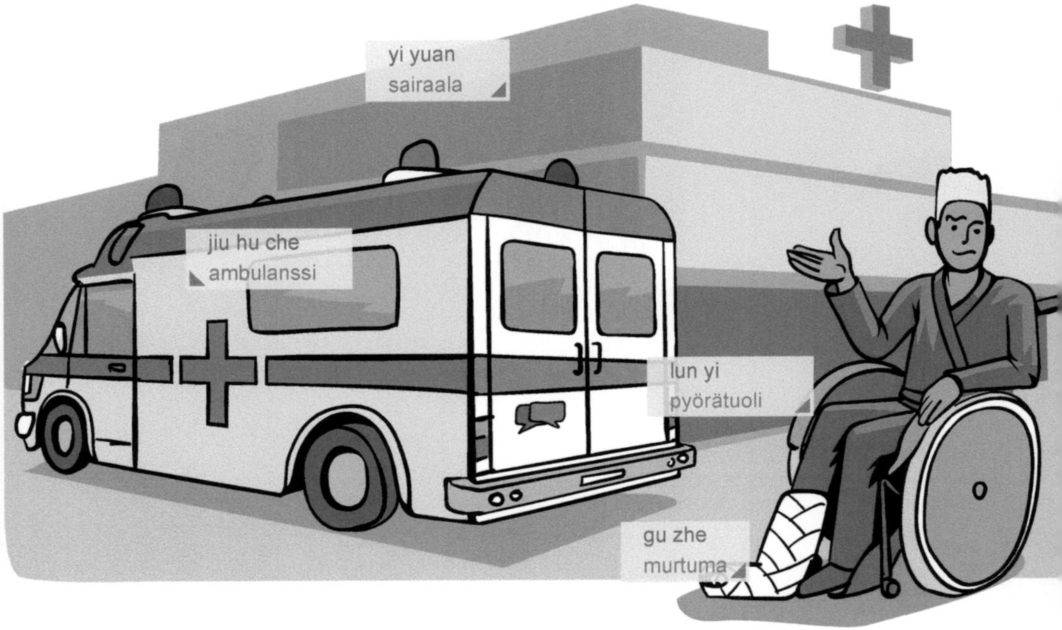

yi yuan
sairaala
jiu hu che
ambulanssi
lun yi
pyörätuoli
gu zhe
murtuma

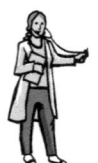

yi sheng

lääkäri

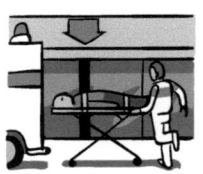

ji zhen shi

ensiapu

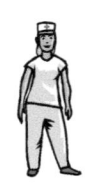

hu shi

sairaanhoitaja

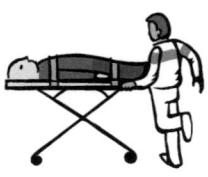

jin ji qing kuang

hätätilanne

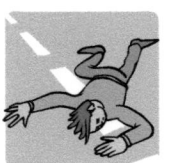

hun mi

tajuton

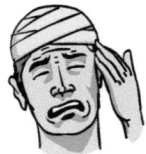

tong

kipu

shou shang

vamma

chu xue

verenvuoto

xin zang bing fa zuo

sydänkohtaus

zhong feng

aivoinfarkti

guo min

allergia

ke sou

yskä

fa shao

kuume

liu gan

flunssa

fu xie

ripuli

tou tong

päänsärky

ai zheng

syöpä

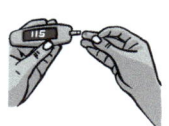

tang niao bing

diabetes

wai ke yi sheng

kirurgi

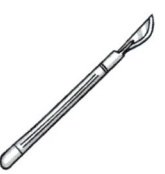

shou shu dao

veitsi

shou shu

leikkaus

CT

ct

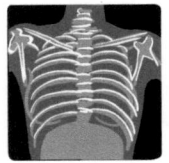

X guang

röntgen

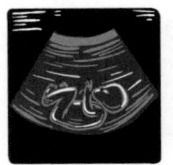

chao sheng bo

ultraääni

kou zhao

maski

ji bing

sairaus

hou zhen shi

odotushuone

guai zhang

sauva

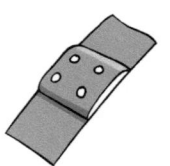

shi gao

laastari

beng dai

side

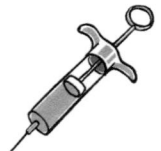

zhu she

pistos

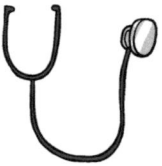

ting zhen qi

stetoskooppi

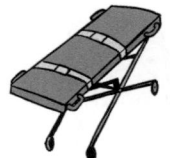

dan jia

paarit

ti wen ji

kuumemittari

chu sheng

syntymä

chao zhong

ylipaino

zhu ting qi

kuulolaite

xiao du ye

desinfiointiaine

gan ran

infektio

bing du

virus

ai zi bing

HIV / AIDS

yao wu

lääke

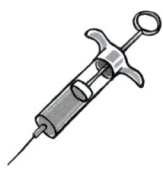

jie zhong yi miao

rokotus

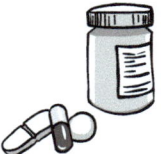

yao pian

tabletit

yao wan

pilleri

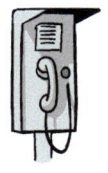

ji jiu dian hua

hätäpuhelu

xue ya ji

verenpainemittari

sheng bing/jian kang

sairas / terve

jiu ming!

Apua!

jing bao

hälytys

tu ji

ryöstö

gong ji

hyökkäys

wei xian

vaara

jin ji chu kou

hätäuloskäynti

zhao huo la!

Tulipalo!

mie huo qi

palosammutin

yi wai

onnettomuus

ji jiu xiang

ensiapulaukku

hu jiu xin hao

SOS

jing cha

poliisilaitos

ou zhou

Eurooppa

bei mei zhou

Pohjois-Amerikka

nan mei zhou

Etelä-Amerikka

fei zhou

Afrikka

ya zhou

Aasia

ao zhou

Australia

da xi yang

Atlantin valtameri

tai ping yang

Tyynimeri

yin du yang

Intian valtameri

nan bing yang

Eteläinen jäämeri

bei bing yang

Pohjoinen jäämeri

bei ji

pohjoisnapa

nan ji
etelänapa

nan ji zhou
Antarktis

di qiu
maa

lu di
maa

hai
meri

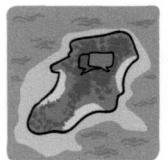

dao
saari

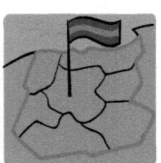

guo jia
kansa

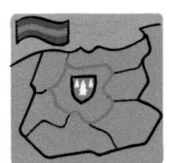

guo jia
osavaltio

zhong mian

kellotaulu

shi zhen

tuntiviisari

fen zhen

minuuttiviisari

miao zhen

sekuntiviisari

xian zai ji dian?

Paljonko kello on?

tian

päivä

shi jian

aika

xian zai

nyt

dian zi biao

digitaalikello

fen

minuutti

shi

tunti

zhou
viikko

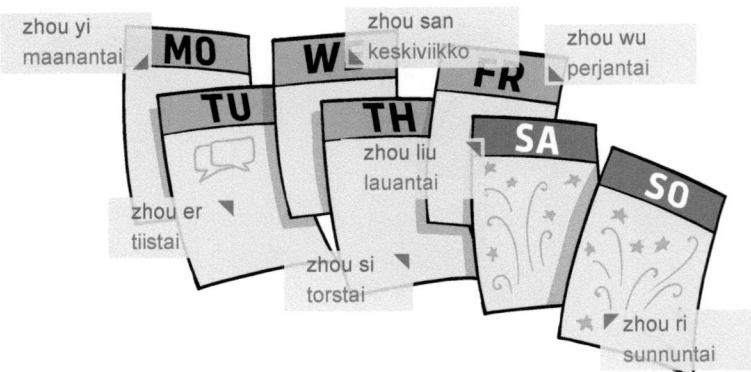

zhou yi
maanantai

zhou san
keskiviikko

zhou wu
perjantai

zhou er
tiistai

zhou si
torstai

zhou liu
lauantai

zhou ri
sunnuntai

zuo tian

eilen

jin tian

tänään

ming tian

huomenna

zao chen

aamu

zhong wu

keskipäivä

wan shang

ilta

gong zuo ri

työpäivät

zhou mo

viikonloppu

nian
vuosi

yu
sade
cai hong
sateenkaari
feng
tuuli
xue
lumi
chun
kevät
qiu
syksy
xia
kesä
dong
talvi

4.APRIL 11°
5.APRIL 4°
6.APRIL 13°
7.APRIL 8°
8.APRIL 10°

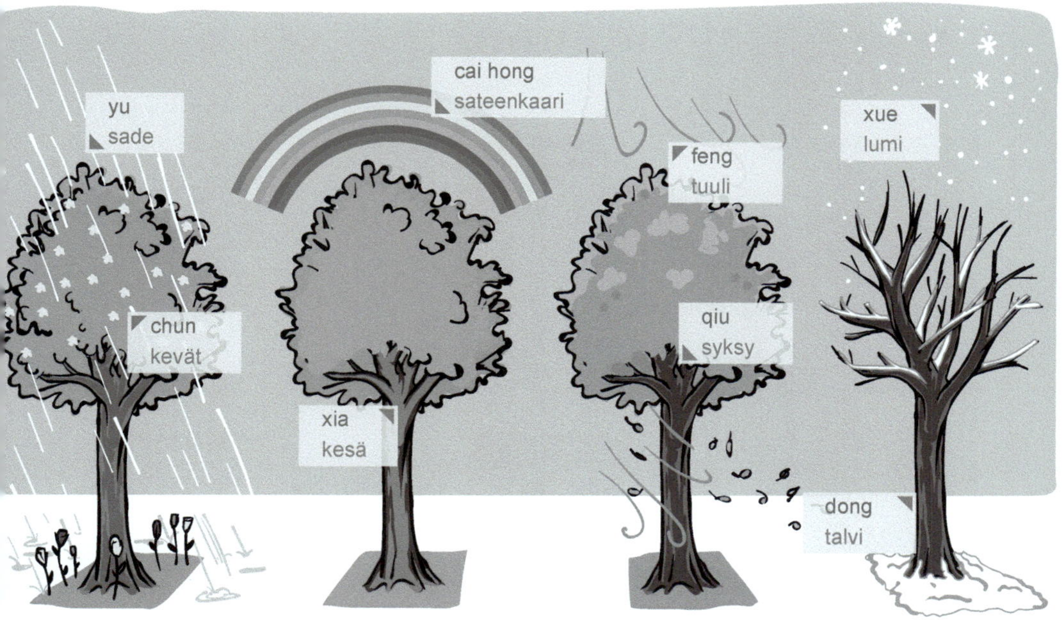

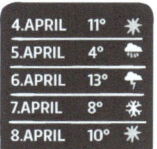

tian qi yu bao

sääennuste

F C
120 40
90 30
60 20
30 10
0 0
-30 -10
-20

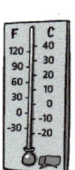

wen du ji

lämpömittari

yang guang

auringonpaiste

yun

pilvi

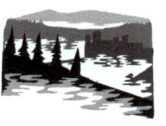

wu

sumu

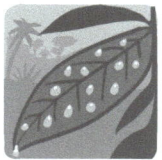

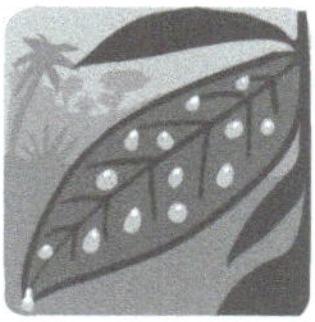

chao shi

ilmankosteus

shan dian

salama

da lei

ukkonen

feng bao

myrsky

bing bao

rae

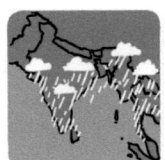

ji feng

monsuuni

hong shui

tulva

bing

jää

yi yue

tammikuu

er yue

helmikuu

san yue

maaliskuu

si yue

huhtikuu

wu yue

toukokuu

liu yue

kesäkuu

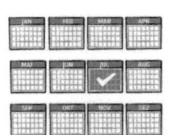

qi yue

heinäkuu

ba yue

elokuu

jiu yue

syyskuu

shi yue

lokakuu

shi yi yue

marraskuu

shi er yue

joulukuu

xing zhuang
muodot

yuan xing

ympyrä

zheng fang xing

neliö

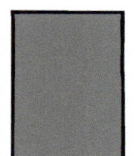

chang fang xing

suorakulmio

san jiao xing

kolmio

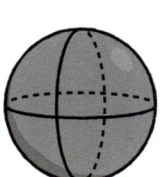

qiu ti

pallo

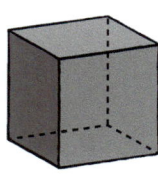

li fang ti

kuutio

bai

valkoinen

huang

keltainen

cheng

oranssi

fen

vaaleanpunainen

hong

punainen

zi

violetti

lan

sininen

lü

vihreä

zong

ruskea

hui

harmaa

hei

musta

hen duo/shao xu

paljon / vähän

sheng qi/ping jing

vihainen / ystävällinen

mei/chou

kaunis / ruma

shou/wei

alku / loppu

da/xiao

suuri / pieni

ming/an

vaalea / tumma

xiong di/jie mei

veli / sisko

gan jing/ang zang

puhdas / likainen

wan zheng/que shi

täydellinen / epätäydellinen

bai tian/wan shang

päivä / yö

si/sheng

kuollut / elävä

kuan/zhai

leveä / kapea

ke shi yong/fei shi yong

syötävä / syömäkelvoton

xie e/shan liang

paha / kiltti

xing fen/wu liao

innostunut / tylsistynyt

pang/shou

lihava / laiha

di yi/zui hou

ensimmäinen / viimeinen

peng you/di ren

ystävä / vihollinen

man/kong

täysi / tyhjä

ying/ruan

kova / pehmeä

zhong/qing

painava / kevyt

e/ke

nälkä / jano

sheng bing/jian kang

sairas / terve

fei fa/he fa

laiton / laillinen

cong ming/yu ben

älykäs / tyhmä

zuo/you

vasen / oikea

jin/yuan

lähellä / kaukana

xin/jiu

uusi / käytetty

mei you/you xie

ei mitään / jotain

lao/you

vanha / nuori

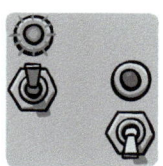

kai/guan

päällä / pois päältä

da kai/he shang

auki / kiinni

an jing/chao nao

hiljainen / äänekäs

fu/qiong

rikas / köyhä

dui/cuo

oikein / väärin

cu cao/guang hua

karhea / sileä

shang xin/gao xing

surullinen / iloinen

duan/chang

lyhyt / pitkä

man/kuai

hidas / nopea

shi/gan

märkä / kuiva

wen nuan/liang shuang

lämmin / viileä

zhan zheng/he ping

sota / rauha

0

ling

nolla

1

yi

yksi

2

er

kaksi

3

san

kolme

4

si

neljä

5

wu

viisi

6

liu

kuusi

7

qi

seitsemän

8

ba

kahdeksan

9

jiu

yhdeksän

10

shi

kymmenen

11

shi yi

yksitoista

12

shi er

kaksitoista

13

shi san

kolmetoista

14

shi si

neljätoista

15

shi wu

viisitoista

16

shi liu

kuusitoista

17

shi qi

seitsemäntoista

18

shi ba

kahdeksantoista

19

shi jiu

yhdeksäntoista

20

er shi

kaksikymmentä

100

bai

sata

1.000

qian

tuhat

1.000.000

bai wan

miljoona

ying yu

englanti

mei shi ying yu

amerikanenglanti

pu tong hua

mandariinikiina

yin di yu

hindi

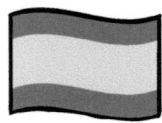

xi ban ya yu

espanja

fa yu

ranska

a la bo yu

arabia

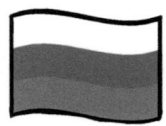

e yu

venäjä

pu tao ya yu

portugali

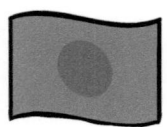

feng jia la yu

bengali

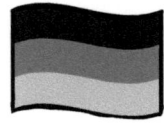

de yu

saksa

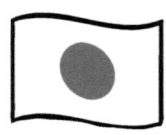

ri yu

japani

wo

minä

ni

sinä

ta/ta/ta

hän

wo men

me

ni men

te

ta men

he

shei?

kuka?

shen me?

mitä / mikä?

zen yang?

miten?

na li?

missä?

shen me shi hou?

milloin?

ming zi

nimi

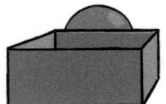

hou mian

takana

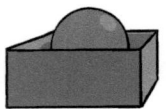

li mian

sisällä

qian mian

edessä

shang fang

yläpuolella

shang mian

päällä

xia mian

alapuolella

pang bian

vieressä

zhong jian

välissä

di dian

paikka